Assainir et booster ses finances

Pour ne plus être esclave de son argent

Laure Zanella

INDEX

Introduction

De nos jours, le simple fait de pouvoir payer ses factures est devenu une lutte constante pour énormément de gens. Peut-être en faites-vous partie également ?

Ça a été mon cas pendant longtemps. J'avais beau me démener, travailler encore et toujours plus, faire des efforts constants pour trouver de nouvelles solutions... et pourtant, je rencontrais régulièrement des difficultés pour joindre les deux bouts, quelle que soit la somme gagnée durant le mois d'ailleurs.

J'avais beau faire en sorte d'augmenter mes revenus, j'aboutissais pourtant encore et encore aux mêmes résultats !

Et puis un jour, j'ai commencé à sérieusement me pencher sur la question de savoir comment d'autres arrivaient à s'en sortir et même à atteindre un niveau de prospérité incroyable.

Il y a des tas de gens en ce monde (bien plus nombreux qu'on ne pourrait le penser) qui ont réussi à créer la richesse dans leur expérience de vie, et continue d'avancer dans ce sens années après années.

La majorité de ces gens ne sont pourtant pas nés avec une cuillère en argent dans la bouche, et ils sont même souvent partis de rien, et pourtant, ils ont réussi à élever leur niveau de vie de façon exceptionnelle, et si ces personnes-là ont réussi, ça veut dire que c'est possible et que n'importe qui d'autre peut le faire aussi ! Le point de départ étant de le désirer.

J'ai donc commencé à lire toutes sortes d'ouvrages sur la prospérité et la réussite, à écouter des programmes audio, à regarder des vidéos, et ce qui m'a sauté aux yeux est que tout n'est au final qu'une question d'éducation financière et de positionnement intérieur.

Le problème principal pour la majorité des gens rencontrant des difficultés financières est qu'ils suivent les enseignements qu'on leur a transmis, en général pas de façon directe puisqu'ils n'ont fait qu'observer ce qu'on fait leurs parents avant eux, et ils avancent selon certains automatismes, à la façon de robots qui répètent encore et toujours les mêmes gestes et aboutissent de la même façon toujours aux mêmes résultats.

J'ai donc décidé de réunir dans cet ouvrage 9 étapes concrètes et faciles à mettre en pratique pour assainir ses finances, sortir des pièges habituels, créer de nouvelles habitudes plus constructives et générer une prospérité toujours plus grande dans sa vie !

Ma vie financière a commencé à réellement changer à partir du moment où j'ai décider de mettre en pratique les techniques et astuces dont je vais vous parler tout au long de ce livre, alors je ne peux que vous encourager à faire de même, à expérimenter, à tester sans tarder, et à observer les résultats que vous allez obtenir.

Ici, je vous propose d'aller droit au but, d'emprunter une ligne droite sans tourner autour du pot. Cet ouvrage sera donc plus court que la plupart de mes autres livres, pour aller droit à l'essentiel et que vous puissiez passer à la mise en pratique le plus rapidement possible.

En mettant en pratique ces principes, vous ne pouvez pas ne pas y arriver !

Peut-être qu'il vous faudra un peu de temps pour vous décider, pour changer vos habitudes et en instaurer de nouvelles, mais ne baissez pas les bras surtout, car la prospérité est à portée de mains, bien plus proche de vous que vous ne pourriez l'imaginer. Alors si votre désir est d'augmenter vos ressources financières, même si ça veut seulement dire pour vous de payer tranquillement vos factures et d'avoir un petit surplus pour vos prochaines vacances, alors lisez ces pages, et lancez-vous !

Les neuf étapes de ce parcours sont accompagnées d'exercices pratiques et faciles à réaliser, ainsi que d'exemples concrets qui vous permettront de percevoir toute la dimension des changements que vous allez instaurer dans votre vie financière si vous commencez dès à présent à utiliser les méthodes proposées.

Vous verrez qu'il n'y a rien de compliqué à mettre en place, il suffit de se lancer et de commencer de là où vous êtes.

Vous trouverez également à la fin de cet ouvrage deux tableaux de prospérité, pour noter vos réalisations, ce qui vous permettra d'être encore plus motivé tout au long de votre avancée !

À votre succès !

Laure

Etape N°1 : Sachez exactement où vous en êtes !

Pour créer un changement au niveau financier (ou dans n'importe quel autre domaine d'ailleurs), encore faut-il savoir clairement où on en est !

Pour une bonne gestion de ses finances et avoir l'occasion de redresser la barre si nécessaire, il est indispensable de suivre son argent, dans le sens de savoir exactement ce qui rentre et ce qui sort, au centime près !

Ça peut sembler assez strict, et pourtant, c'est important.

Il arrive bien souvent qu'on ait tendance à suivre de loin ses finances, à savoir à peu près ce qu'on touche et ce qui sort, mais le fait est que si nous n'établissons pas une comptabilité précise, nous aurons bien souvent tendance à avoir une perception déformée de la réalité, et c'est là que les problèmes arrivent.

Sans avoir une perception précise des mouvements de notre compte en banque, il arrive bien souvent qu'on croie avoir encore de la marge, alors que finalement, les petites dépenses faites ici + celles faites là ont déjà fortement entamé cette marge dont nous pensions encore disposer. Je vous rassure tout de suite, il n'est pas nécessaire de tenir une comptabilité précise tout au long de sa vie pour pouvoir créer plus de prospérité dans son expérience de vie, mais ce sera essentiel au départ, pour que vous puissiez mettre clairement à jour le « chantier » et que vous puissiez percevoir où ça coince et où il est nécessaire d'amener des changements.

=> Exercice N°1 : À vos pioches !

Voilà ce que je vous propose pour commencer. Cet exercice vous demandera beaucoup de courage et de sang-froid, :-) mais le jeu en vaut largement la chandelle. Vous êtes prêt ?

Alors armez-vous de feuilles et d'un stylo ou d'un tableur sur votre ordinateur, à votre convenance. Vous pouvez aussi imprimer le modèle proposé ci-dessous. Ensuite, munissez-vous de vos relevés bancaires portant sur le mois précédant celui en cours (si vous lisez ceci en août, c'est sur vos relevés de juillet que vous allez donc travailler, histoire d'avoir un mois complet sous les yeux).

Faites l'inventaire de l'ensemble de vos rentrées d'argent, et de toutes les sorties, puis faites le total . Gardez précieusement ce bilan, car il va à nouveau vous être utile un peu plus loin dans ce petit programme.

	RENTREES	
Date	Montant	Intitulé
TOTAL		

	SORTIES	
Date	Montant	Intitulé
TOTAL		

Etape N°2: Transformez votre regard sur l'argent

Depuis l'enfance, nous avons accumulé tout un tas d'idées préconçues sur l'argent. À force de les entendre de tous côtés, nous avons fini par les adopter comme étant la vérité. Pourtant, il ne s'agit là que de croyances, et comme elle s'est installée, une croyance peut être changée.

Si vous avez tendance à croire que l'argent est sale, qu'il rend les gens mauvais, qu'il n'est pas spirituel, que c'est la source de tous les maux, comment voulez-vous attirer de l'argent à vous ou pouvoir le garder ?

Vous ne pouvez attirer à vous l'argent que si vous l'aimez, et le fait est que tout le monde aime l'argent. Seulement, le fait d'aimer l'argent reste encore un tabou assez fort dans notre société, et on a tendance à croire que si on exprime clairement son amour de l'argent, on passera aux yeux des autres pour une personne cupide. Ça crée donc un conflit intérieur.

L'argent n'est pourtant ni bon ni mauvais en lui-même. C'est nous qui choisissons qui nous voulons être et comment nous voulons évoluer au fil de notre cheminement. Avoir plus d'argent ne fera pas de vous une mauvaise personne, car c'est vous qui tenez les rênes entre vos mains.

Pour accéder à une prospérité plus vaste, il est donc essentiel de se libérer de toutes les croyances erronées qu'on porte au sujet de l'argent et de tout ce qui tourne autour.

Exercice N°2 : Introspection

Ce que je vous invite à faire pour commencer, c'est de poser par écrit tout ce que vous tenez pour vrai au sujet de l'argent. Faites le tour de toutes les idées préconçues que vous pouvez avoir, non seulement au sujet de l'argent en général, mais aussi au sujet des autres en lien avec l'argent, ou de vous-même sur ce plan.

Voilà quelques exemples de croyances assez répandues :

- L'argent est sale
- L'argent doit être gagné à la sueur de son front
- Il est difficile de bien gagner sa vie
- Les possibilités sont limitées
- L'argent ne tombe pas du ciel
- On ne peut pas tout avoir dans la vie
- Les riches ont forcément arnaqué quelqu'un
- L'argent n'est pas spirituel
- Je suis incapable de bien gérer mon argent
- Je ne suis pas fait pour devenir riche
- Pour devenir riche, il faut déjà avoir de l'argent
- Les riches s'enrichissent, les pauvres s'appauvrissent
- L'argent ne fait pas le bonheur
- Je n'ai pas besoin d'argent pour être heureux
- Etc.

Une fois que vous aurez fait le tour de toutes vos croyances au sujet de l'argent, considérez chacune d'elles, et voyez qu'il ne s'agit que de croyances.

Une croyance est une pensée qui a été répétée encore et encore, jusqu'à ce qu'on l'intègre comme étant la vérité, mais au final, ce n'est que la parole de quelqu'un d'autre, n'est-ce pas ? S'agit-il d'une vérité absolue pour autant ?

Quand on dit que la Terre est ronde, c'est un fait et la vérité. Quand on dit qu'il faut travailler dur pour bien gagner sa vie ou qu'on ne peut pas devenir prospère en faisant ce qu'on aime vraiment, il s'agit de croyances.

Etape 2 de cet exercice : Pour chaque croyance limitante que vous aurez identifiée, choisissez une nouvelle croyance positive que vous voulez adopter à la place, et accordez-vous 2 minutes chaque jour pour répéter vos nouvelles affirmations en pesant bien chaque mot et en cherchant à les ressentir à l'intérieur de vous. Vous pouvez aussi utiliser les temps morts comme les trajets en voiture pour travailler sur cet exercice, ce qui amplifiera l'avancée des choses pour vous !

Au début vous n'y croirez peut-être pas, mais comme ces anciennes croyances que vous portez en vous depuis longtemps, à force d'être répétées, vos nouvelles croyances vont finir par s'imprégner en vous et votre regard sur l'argent va petit à petit changer.

Remettez en cause toutes les croyances qui vous limitent, demandez-vous si c'est vraiment ce que vous ressentez à ce jour ou si, au final, vous ne faites pas que suivre un automatisme qu'on vous a inculqué pendant l'enfance.

Cherchez les réponses en vous, et soyez à l'écoute de votre

petit guide intérieur, car c'est là que se trouve la vérité :-)

Pour attirer l'argent dans son expérience de vie, il est essentiel d'avoir un regard positif sur l'argent, et cela passe par le démontage d'anciennes croyances restrictives pour pouvoir en instaurer d'autres qui cadreront mieux avec celui ou celle que vous êtes MAINTENANT !

Etape N°3 : Dépensez moins que ce que vous gagnez !

Ça vous paraît totalement logique et évident, n'est-ce pas ? Mais le fait est qu'en pratique, ça ne l'est pas toujours autant que ça, et notamment lorsqu'on n'a pas une perception claire de nos entrées et de nos sorties d'argent.

Je vous disais tout à l'heure que votre bilan financier de l'étape 1 allait resservir plus tard, et c'est maintenant que ça se passe.

Pour créer plus de richesse dans son expérience de vie et permettre à cette richesse de se déployer de plus en plus, le point de départ est de commencer par accumuler de l'argent. Mais cette accumulation n'est possible que si on dépense moins que ce que l'on gagne.

Bien souvent, c'est l'inverse qui se produit, tout simplement parce qu'on manque de visibilité au sujet de ses finances et de l'argent qui sort de notre compte en banque.

Si on ne sait pas exactement ce qui entre et ce qui sort, on aura vite fait de dépasser les limites de ce que nous pouvons nous permettre et de foncer dans le rouge.

Exercice N°3 : Rester dans le vert

Vous avez précédemment fait l'inventaire de vos entrées et sorties d'argent. Sur une nouvelle feuille, notez en premier lieu le montant total de vos rentrées mensuelles.

Ensuite, faites le compte de toutes vos dépenses incompressibles, celles que vous ne pouvez pas éviter. Cela concerne votre loyer, vos impôts, vos factures d'eau, d'électricité et ainsi de suite. Ajoutez-y un budget moyen pour vos achats de nourriture.

Voyez quelle somme vous reste une fois que vous avez payé toutes vos charges mensuelles.

Admettons que cette somme s'élève à 300€.

À chaque fois que vous ferez une dépense en dehors de vos nécessités, de ces indispensables du quotidien, notez cette dépense et déduisez-la de ces 300€.

Ainsi, en faisant rapidement les comptes à chaque dépense, vous aurez un aperçu clair de ce qu'il vous reste, et vous ne pourrez alors pas dépasser les limites et dépenser de l'argent que vous n'avez pas.

Ça vous permet également d'éviter de suivre l'ensemble de vos mouvements d'argent. Puisqu'il y a des éléments qui reviennent de façon fixe, il est inutile de les recompter à chaque fois, il vous suffit de surveiller les dépenses en dehors de celles qui concernent vos frais incompressibles, ce qui vous permettra de rester systématiquement dans le vert et d'avoir l'esprit plus serein par la même occasion !

Etape N°4 : Evitez les crédits

Lorsque nous faisons appel à un crédit pour acquérir quelque chose, il arrive bien souvent que ce crédit soit utilisé pour répondre à un achat non indispensable, voire un achat impulsif.

On ne parle pas ici d'un crédit fait pour un achat immobilier ou une voiture qui nous serait nécessaire au quotidien, mais de toutes ces facilités de paiement qu'on nous propose pour tout et n'importe quoi, avec des taux d'intérêt souvent exorbitants !

Les pros du marketing s'efforcent de nous faire miroiter tous les avantages de posséder une télévision dernier cri, le dernier smartphone sorti sur le marché ou ce super ordinateur bien plus puissant que le nôtre et tellement plus à la mode, et des arguments les plus convaincants les uns que les autres nous sont présentés sans parler de la manipulation pure et simple utilisée par certains commerciaux peu scrupuleux.

Vous n'avez pas l'argent ? Aucun souci ! Vous allez pouvoir régler votre achat en 42 x à 35% d'intérêts ! C'est super non ?

J'exagère bien sûr, mais le fait est que l'utilisation des crédits alourdit parfois fortement nos charges mensuelles, et encore plus lorsqu'on utilise ce type de systèmes à répétition.

Sur le coup ça semble extrêmement intéressant et on se dit que ça ne représente pas une somme supplémentaire importante. On va arriver à gérer sans problème.

Et puis on se laissera peut-être tenter une autre fois, puis une autre fois encore, et quand on fait l'addition, ça commence à peser très lourd dans la balance.

Il faut dire aussi que ces crédits sont souvent utilisés pour des éléments non indispensables à notre quotidien, et répondent à une envie ou une impulsion.

Pour accélérer la cadence vers plus de richesse dans votre expérience de vie, bannissez l'utilisation de ce type de crédit, et si vous n'avez pas la possibilité de vous acheter ce quelque chose que vous désirez tout de suite, choisissez d'économiser jusqu'à pouvoir vous le permettre. Il se peut qu'en cours de route vous vous rendiez compte que vous n'en avez pas tant besoin que ça, et si c'est le cas, vous aurez au moins évité d'alourdir vos charges mensuelles et de vous maintenir éloigné un peu plus longtemps de la prospérité.

Etape N°5 : Réglez vos dettes en premier !

L'une des clés fondamentales de l'enrichissement est d'accumuler de l'argent que l'on pourra investir dans des actifs (nous y reviendrons plus tard), mais comment est-il possible d'accumuler de l'argent si nous sommes criblés de dettes ?

Ce n'est tout simplement pas possible.

Les dettes sont un fardeau, et un gros obstacle à l'enrichissement, aussi, pour pouvoir renverser la vapeur, il est important que vous vous efforciez de régler vos dettes en premier !

Plus vite vous serez libre de vos dettes, plus vite vous allez pouvoir commencer à accumuler de l'argent pour pouvoir vous enrichir.

Exercice N°5 :

Munissez-vous d'une feuille et d'un stylo, et listez l'ensemble de vos dettes, qu'il s'agisse d'un emprunt immobilier, d'un crédit à la consommation, d'argent emprunté à un proche, etc.

Notez ces dettes par ordre d'importance, de la plus imposante à la plus petite.

Techniquement, il serait recommandé de rembourser la dette qui vous coûte le plus cher en intérêts en premier, afin de limiter au maximum les frais liés aux intérêts. Ce que je vous inviterais à faire de mon côté, c'est de commencer plutôt par régler votre dette la plus petite et de poursuivre dans cet ordre, pour plusieurs raisons :

À chaque fois que vous allez en finir avec une dette, vous allez ressentir du soulagement, de la satisfaction aussi et peut-être même une certaine fierté. Moralement ce sera un grand plus qui va vous apporter une motivation supplémentaire pour continuer sur votre élan.

Financièrement, chaque petit boulet que vous ôtez de votre pied vous facilitera le pas suivant.

Même si ce ne sont que 50€ que vous pouvez alors retirer de vos dépenses mensuelles, ce seront 50€ de plus que vous pourrez utiliser pour régler plus rapidement la dette suivante, et ainsi de suite.

Commencez petit, par l'objectif le plus facilement atteignable, ce qui vous boostera intérieurement et sera donc très précieux pour vous aider à faire la suite du chemin dans un état d'esprit plus léger.

Même si nous travaillons ici sur un plan concret et matérialiste, la loi d'attraction s'applique aussi. Mieux vous vous sentez, plus vous attirez à vous des circonstances et événements qui seront positifs pour vous. Autant donc en profiter pour accélérer quelque peu le pas et atteindre plus vite une nouvelle marche vers la prospérité !

Etape N°6 : Commencez à accumuler de l'argent

Maintenant que vous avez commencé à faire le grand ménage au sein de vos finances, le pas suivant vers une vie plus prospère sera de commencer à accumuler de l'argent, car c'est cet argent qui va vous permettre d'investir et de faire croître de plus en plus vos économies.

La règle N°1 est de toujours se payer en premier. Peut-être avez-vous déjà entendu ça quelque part, car tous les grands coachs financiers vous le diront, si vous voulez devenir riche, il est indispensable de vous servir en premier lorsque vous touchez votre salaire ou toute autre rentrée d'argent.

Pourquoi ?

Parce que si vous attendez d'avoir réglé votre loyer, vos factures d'eau, d'électricité, vos courses, vos extras et compagnie, il ne vous restera tout simplement plus rien, ou vraiment pas grand-chose à la fin du mois pour pouvoir épargner.

Le but est donc de prélever un certain pourcentage de vos revenus dès qu'ils atterrissent sur votre compte, car de cette façon, vous ne pourrez plus dépenser cette somme-là et elle commencera à travailler pour vous.

Voyez avec votre banque ce qu'elle peut vous proposer en matière de compte rémunéré sans risque, et commencez ainsi à accumuler ce qui représentera les bases de votre future richesse (quel que soit le niveau auquel vous aspirez).

Pour déterminer quel pourcentage prélever, reprenez les notes où vous avez calculé le montant de vos dépenses incompressibles. Vous avez suite à cela déterminé quelle somme il vous restait pour les achats qui ne représentent pas des nécessités.

Vous pourrez donc déterminer le pourcentage à mettre de côté en fonction de ça. Vous avez la possibilité bien sûr de tout mettre de côté, mais je vous dirais que pour éviter de créer de la frustration qui risquerait de vous mener à un « pétage de plomb » et de vous faire dépenser de manière compulsive ensuite, vous pouvez vous contenter de la moitié de cette somme par exemple, et conserver l'autre pour vos achats plaisir.

Devenir plus prospère ne veut pas nécessairement dire se serrer la ceinture pendant plusieurs années pour ensuite seulement pouvoir profiter de la vie. À vous de déterminer quel pourcentage vous semble cohérent pour maintenir un équilibre et ne pas ressentir cela comme un fardeau.

Exemple concret :

Maintenant je vous propose un petit calcul concret pour illustrer l'importance de cette méthode.

Reprenons notre exemple de tout à l'heure avec une somme de 300€ qui resterait après paiement de nos charges incompressibles.

Si vous placez ne serait-ce que la moitié de cette somme sur un compte à part, au bout d'une année vous aurez obtenu :

150€ x 12 = 1800€ + les intérêts !

En plaçant votre argent sur un compte rémunéré à 3,5%, vous aurez au bout d'un an :

1800 + 3,5% = 1863€

En utilisant ce fonctionnement de façon systématique, vous allez bénéficier de ce qu'on appelle les intérêts composés, qui sont les intérêts que vous allez recevoir sur les intérêts déjà perçus. Vous laissez les intérêts déjà reçus sur votre compte, ce qui fait que la somme grossit de plus en plus, et génère encore plus d'intérêts et ainsi de suite.

En simplifiant nos calculs, avec 1800€ placés pendant un an à un taux de 3,5% l'an, vous toucherez 63€ d'intérêt.

Ensuite, en partant seulement de cette première somme et des intérêts accumulés, l'année suivante votre capital s'élève à 1863+ 3,5% = **1928, 21€**

Imaginez alors ce que ça donne si au lieu de laisser simplement l'argent déjà investi travailler vous continuez d'accumuler chaque mois de l'argent supplémentaire. Cet argent va générer des intérêts en plus, et les sommes cumulées vont en générer d'autres encore et ainsi de suite. Il suffit de se lancer, de commencer à partir de là où vous êtes, en fonction de vos possibilités. Bien sûr, vous avancerez bien plus vite vers la prospérité si vous pouvez épargner 150€ mensuellement que si vous n'en épargnez que 50, mais ces 50€ seront déjà un pas important, et si vous ne les mettez pas de côté, vous trouverez inévitablement un moyen de les dépenser et vous tournerez en rond dans le fonctionnement que vous avez toujours connu jusque-là ! À vous de décider.

Petite astuce en plus : Visez plutôt trop haut que trop bas. Si vous décidez de prélever 15% sur toutes vos rentrées d'argent et que vous vous rendez compte que c'est trop lourd, vous pouvez toujours faire demi-tour. Par contre, si vous visez seulement 5%, une fois le reste dépensé il sera trop tard et l'argent ce sera envolé. Visez haut, et réajustez ensuite si besoin.

Etape N°7 : Identifiez vos principaux postes de dépenses

Pour pouvoir accumuler plus d'argent, il est également possible de réduire certaines de nos dépenses. Pour cela, le but de la manœuvre sera d'identifier en premier lieu nos principaux postes de dépenses, et vous allez pouvoir vous servir une fois encore de votre bilan financier effectué lors de la première étape de ce parcours.

Commencez par le poste de dépense le plus lourd, et demandez-vous si celui-ci pourrait être réduit d'une façon ou d'une autre.

Bien sûr, il y aura parmi ces dépenses des éléments qui représenteront des nécessités et ne pourront pas être allégées, mais il existe néanmoins des solutions pour beaucoup de choses, qui nécessitent parfois de sortir de notre zone de confort, mais peuvent néanmoins donner d'excellents résultats.

Exemple concret :

Si vous touchez 1500€ de revenus mensuels et que votre loyer vous coûte 750€ par mois, cela représente la moitié de votre budget. Il vous reste donc cette même moitié pour payer tous les autres frais incompressibles et vos autres dépenses.

Si vous êtes constamment pris à la gorge par vos factures, ne serait-il pas intéressant de songer à trouver un nouveau logement, qui pourrait être tout aussi spacieux dans une autre ville, mais moins cher, vous laissant ainsi plus de marge de manœuvre pour gérer vos dépenses mensuelles ?

Si vous avez fait un crédit pour l'achat de votre logement, il ne vous coûte rien de vous diriger vers une banque voisine pour savoir ce qu'elle propose en matière de rachat de crédit (ce qui pourrait faire baisser vos mensualités) ou de renégocier (avant ou après la visite à l'autre banque) votre crédit avec votre banquier actuel.

Au pire des cas ce sera non ou l'offre proposée par une banque concurrente ne sera pas intéressante, mais que se passerait-il si c'était un oui ?

Autre exemple qui vous concernera peut-être :

Vous arrive-t-il régulièrement de manger à l'extérieur lors d'une journée de travail ?
Si vous dépensez disons 8€ pour votre repas, à raison de 5 x par semaine, vous dépenserez 40€ par semaine, multipliés par 47 semaines de travail (si vous prenez 5 semaines de congés par an), cela revient à 1880€ ! C'est une sacrée somme !

Si vous décidez de vous préparer un repas maison ou un sandwich, vous diminuerez au moins de moitié, voire plus encore cette somme, et les 940€ ou plus économisés pourront servir à d'autres choses, ou être mis de côté sur votre compte d'épargne.

Il y a bon nombre de nos dépenses habituelles qui pourraient être réduites en prenant simplement le temps de faire le point à ce sujet et de voir quelles solutions peuvent se présenter à nous.

Utilisez-vous la totalité de votre forfait mobile ? Que la réponse soit oui ou non, avez-vous jeté un œil dernièrement aux offres des concurrents ou aux autres offres proposées par votre fournisseur actuel ?

La concurrence entre les différents prestataires fait que les prix sont remaniés régulièrement à la baisse, alors pourquoi ne pas en profiter !

Ça demandera un peu de temps et un effort minimum, mais pour combien d'euros économisés au bout du compte ?!

Sur un mois l'économie semblera peut-être assez faible, mais en multipliant par 12 pour voir ce que ça donne sur une année, l'économie est déjà plus conséquente, d'autant plus si ce que vous payez ne vous est pas réellement nécessaire. On se rend parfois compte que certains services pour lesquels nous payons ne nous sont plus vraiment utiles. Autant les éliminer ! Et une petite dépense en moins par ci, et une autre par là, au bout du compte, ça fait beaucoup !

Il suffit parfois de prendre quelques minutes pour faire le point sur ses dépenses et se demander quelles autres options sont possibles pour que des tas de solutions se manifestent à nous. Mais si vous ne prenez pas le temps pour cette petite mise au point, vous continuerez souvent à perdre de l'argent et retarderez l'atteinte de vos objectifs.

Je vous invite à faire ce type de ménage 2x par an au moins, ce qui ne représentera pas une lourde contrainte, mais vous permettra peut-être d'éliminer des dépenses inutiles ou d'en réduire d'autres.

Etape N°8 : Modifiez vos habitudes !

Voilà une petite phrase très importante à retenir :

Les mêmes gestes mènent toujours aux mêmes résultats !

Si vos actions sont toujours les mêmes, années après années, vous ne pouvez pas vous attendre à voir des changements conséquents arriver dans votre vie.

Si depuis 10 ou 20 ans vous suivez toujours les mêmes automatismes en matière de gestion de vos finances, il est tout à fait normal que vous obteniez encore et toujours les mêmes résultats.

Le point de départ de tout changement est de prendre conscience de votre façon de fonctionner, et vous avez déjà travaillé dans ce sens en franchissant les étapes précédentes de ce parcours.

Ensuite, le but de la manœuvre consiste à sortir de cette « routine » financière que vous suivez pour sortir des sentiers battus et commencer à adopter d'autres habitudes qui seront plus productives.

Se payer en premier fait partie de ces nouvelles habitudes qui vous permettront de créer plus de prospérité dans votre vie.

Trucs et astuces pour réaliser des économies

Voici d'autres habitudes à adopter qui vous permettront d'atteindre bien plus rapidement vos objectifs, quels qu'ils soient :

–   Nous avons parlé précédemment des repas pris à l'extérieur durant une journée de travail et des économies à réaliser en préparant plutôt un plat chez vous... Vous arrive-t-il également en soirée ou le week-end de commander des repas livrés chez vous, de vous rendre dans un fast-food ou d'aller au restaurant ? Admettons que vous utilisiez l'un de ces systèmes une fois par semaine. Considérons une dépense moyenne de 35€ (entre les moments où vous choisirez l'option fast-food et ceux où vous allez choisir le restaurant). Sur une année, vous allez donc dépenser **35€ x 52 semaines = 1820€** ! En réduisant ne serait-ce que de moitié cette habitude, ce qui vous permet de continuer à vous faire plaisir 2 fois par mois, vous allez réaliser une économie de **910€** sur une année ! Presque 1000€ d'économie en réduisant quelque peu ce mode de consommation, ce qui préservera en plus votre ligne :-)

–   Lorsque vous faites vos courses, faites le point après coup et surlignez en vert les nécessités, ce dont vous ne pouvez pas vous passer (le chocolat ne peut **pas** être placé dans cette liste :-)), et en rouge les extras. Faites ensuite le total de vos dépenses pour la liste rouge. Si vous avez dépensé 20€ pour cette partie de la liste, cela représente **1040€** sur une année si vous allez faire vos courses une fois par semaine. En réduisant de moitié ces extras (là aussi vous pouvez continuer à vous faire plaisir tout en économisant), vous faites une économie de **520€** !

–   Avant chaque achat en dehors de vos nécessités, laissez-vous 10 secondes de réflexion au lieu de jeter l'article directement dans votre caddie. Cela vous permettra de prendre un peu de recul, de sortir de l'influence des panneaux publicitaires ou autres éléments visant à vous pousser à l'achat, et ça vous évitera donc bon nombre d'achats impulsifs que vous auriez pu regretter ensuite. Pour les achats plus conséquents, laissez-vous un délai de 30 jours ! Là aussi, on peut facilement économiser **plusieurs centaines d'euros** sur une année en se laissant ces quelques secondes de réflexion.

–   Allez toujours faire vos courses le ventre plein ! En effet, lorsque nous avons faim, il y a beaucoup plus de produits qui risquent de nous faire envie et nous aurons tendance à acheter plus que ce dont nous avons réellement besoin. Quand le ventre est plein, nous réfléchissons avec notre tête au lieu de penser avec notre estomac, et notre portefeuille s'en tire nettement mieux !

–   N'achetez que ce qui vous est réellement nécessaire. Faites le point sur tout ce qui part à la poubelle en matière de nourriture (produits non consommés, périmés ou autre) et réajustez vos achats pour acheter seulement ce dont vous avez vraiment besoin. Cela vous permettra encore une fois de réaliser des économies de plusieurs centaines d'euros sur une année.

–   Achetez des produits génériques au lieu de produit de marques pour vos achats courants. Le sucre aura toujours le goût du sucre, qu'il y ait une marque sur l'emballage ou non. La différence de prix vient en général de la publicité faite pour une marque, alors que le produit générique se contentera de rester dans les coulisses et coûtera donc nettement moins cher. Ce n'est pas nécessairement le produit qui est de moins bonne qualité (et ce n'est généralement pas le cas), mais simplement tous les frais annexes qu'il faut compenser.

–   Achetez d'occasion quand c'est possible plutôt que de vous tourner systématiquement vers du neuf. Il y a des tas de bonnes affaires partout, d'objets en très bon état encore qui seront tout aussi bien qu'un neuf, mais pour un prix très différent. C'est également valable pour l'achat d'une voiture, car un véhicule perd environ 30% de sa valeur dès qu'il sort du concessionnaire, et 50% durant les 2 premières années. Un véhicule de 2 ou 3 ans, de première main et révisé par un garagiste sera souvent en excellent état avec la possibilité d'une garantie, et votre investissement sera nettement moins lourd que si vous aviez acheté un véhicule neuf ! Ici ce sont plusieurs milliers d'euros d'économie qui sont à réaliser.

– Revendez ce dont vous ne vous servez pas ou plus. Combien d'éléments dorment dans votre chez-vous, prennent la poussière dans un placard ou une cave et ne seront plus jamais utilisés ? Au lieu de les laisser là, vous pourriez les revendre pour non seulement libérer de l'espace, mais aussi gagner de l'argent grâce à vos ventes ! Voilà encore un moyen d'accumuler un peu plus d'argent que vous aurez la possibilité d'épargner ou d'investir

- Préférez les douches aux bains : les douches vont consommer en moyenne 40 à 60 litres d'eau, alors qu'un bain aura tendance à en consommer 120 à 200 litres ! Même en alternant entre les deux méthodes, vous réaliserez déjà de sérieuses économies sur votre facture d'eau

- Récupérez l'eau de pluie pour arroser votre jardin ou installez un système de récupération d'eau que vous brancherez sur vos toilettes, car le nombre de chasses d'eau ainsi économisées pourra facilement diminuer votre facture d'un tiers, voire d'une moitié en fonction de votre consommation. Même s'il y a un petit investissement de départ, vous réaliserez néanmoins de sérieuses économies

- Diminuer la température de votre chauffage d'un seul

degré représente une économie d'environ 7% sur votre facture !

\- Utilisez si possible les appareils électriques qui consomment beaucoup durant les heures creuses (machine à laver, sèche-linge, lave-vaisselle, etc.)

\- Veillez à toujours payer vos factures à l'heure ou à automatiser vos règlements pour éviter les intérêts de retard

\- Faites le tour de tous vos abonnements et voyez si d'autres offres moins chères sont actuellement proposées (téléphone, internet, électricité, etc.)

\- Si vous avez emprunté pour un achat immobilier il y a quelques années, prenez rendez-vous dans une autre banque pour voir ce qui peut vous être proposé. Soit l'offre sera réellement intéressante et vous avez la possibilité de changer de crèmerie, ou alors, vous aurez un moyen de pression à présenter à votre banquier pour renégocier votre prêt dans le même établissement

\- Faites-vous mensualiser quand c'est possible pour toutes les dépenses récurrentes (assurances, impôts, etc.) Ça vous permettra de lisser votre budget, d'éviter les surprises et d'avoir l'esprit plus libre

Rien que le fait de mettre en pratique ces astuces (ou même une partie seulement) va vous permettre de réaliser des économies énormes tout au long de l'année ! Tout cet argent qui ne sortira plus de vos poches pourra être utilisé pour d'autres choses qui vous tiennent à cœur ou être investi pour accélérer un peu plus la réalisation de vos objectifs financiers !

Etape N°9 : Investir dans des actifs !

L'une des grandes différences entre les gens riches et ceux qui ne le sont pas réside dans le fait que les riches investissent dans des actifs, alors que les autres investissent dans des passifs.

Mais qu'est-ce que c'est qu'un actif ou un passif ?

Un actif est quelque chose qui va vous rapporter de l'argent ou prendre de la valeur dans le temps.

Un passif est quelque chose qui va engendrer une dépense et ne vous rapportera rien du tout.

Un compte rémunéré est un actif. Les parts possédées dans une société qui rapportent des dividendes représentent un actif aussi. Votre travail est également un actif.

Votre logement représente par contre un passif, y compris si vous en êtes propriétaire, car ce logement vous amène à dépenser de l'argent et ne vous rapporte rien.

Si vous achetez par contre un appartement ou une maison que vous louez, là ça devient un actif.

La règle d'or en ce qui concerne les actifs et les passifs est de toujours avoir plus d'actifs que de passifs.

Si vous avez plus de passifs que d'actifs, vous foncez droit dans le mur et il sera alors important de renverser la vapeur au plus tôt.

Exercice pratique :

En vous munissant d'une feuille et d'un stylo, je vous invite cette fois à faire l'inventaire de vos passifs et de vos actifs. Faites deux colonnes sur votre feuille pour noter d'une part vos actifs, tout ce qui vous rapporte de l'argent ou va prendre de la valeur, et vos passifs d'autre part.

Une voiture de collection est un actif, car elle prend de la valeur dans le temps, alors qu'une voiture classique est un passif, car on ne fait qu'y injecter de l'argent, et en plus elle perd de sa valeur au fil du temps.

En faisant le point sur la somme de vos actifs et de vos passifs, vous aurez alors la possibilité de choisir de nouvelles options en augmentant le nombre de vos actifs, et / ou en réduisant le nombre de vos passifs.

Cherchez à ouvrir de nouvelles portes qui vont générer des revenus, et tranchez dans le vif quand c'est possible les directions qui génèrent des dépenses.

En veillant à ce que vos actifs soient toujours plus importants que vos passifs, vous ne pourrez que vous enrichir et de plus en plus à mesure que vous avancez !

Conseils et conclusion

S'enrichir n'est pas quelque chose de compliqué ou seulement accessible à ceux qui ont déjà de l'argent. Tout le monde peut ouvrir la porte à plus de prospérité dans sa vie, quelle que soit sa situation et quel que soit son âge, mais cela nécessitera quelques efforts et une certaine discipline.

Il faudra faire des choix, prendre des décisions, et s'y tenir.

Ce que je vous dirais cependant, c'est que ces quelques efforts seront largement récompensés à mesure que vous allez progresser sur ce chemin vers la prospérité.

Chaque étape de franchie vous apportera un peu plus de satisfaction, de la fierté aussi en voyant qu'un nouveau pallier a été atteint, et surtout, c'est une liberté de plus en plus grande que tout ceci va vous offrir.

La liberté de mener une vie plus amusante et joyeuse, de faire ce que vous avez envie de faire sans plus être esclave de l'argent, le fait de faire travailler l'argent pour vous au lieu de devoir travailler pour l'argent... Mais surtout et avant tout, la liberté de l'esprit et la paix du cœur, et ça, ça n'a pas de prix !

Si j'avais un conseil à vous donner, ce serait de mettre tout ceci en pratique le plus tôt possible. N'attendez pas demain en cherchant de nouveaux prétextes pour reporter le moment de commencer à vous enrichir.

Vous pouvez le faire dès maintenant, en prenant le temps de faire le point sur votre positionnement actuel, et en commençant à transformer vos habitudes.

Vous n'avez pas besoin de tout mettre en application d'un coup. Vous pouvez y aller étape par étape, à votre rythme, et observer ce qui se passe.

Mais surtout lancez-vous !

Savoir les choses ne suffit pas. Le changement passe obligatoirement par l'action, et quand on commence à agir, on se rend bien souvent compte que ce n'était pas aussi compliqué qu'on aurait pu le penser.

Arrêtez de réfléchir, et passez à l'action. Commencez quelque part, par le morceau qui vous semble le plus accessible ou le plus amusant, et voyez simplement ce que ça donne.

Voilà un petit résumé des étapes importantes évoquées ici pour assainir et booster vos finances :

- Faites en sorte de savoir clairement où vous en êtes
- Identifiez vos croyances limitantes et commencez par les remplacer par d'autres
- Veillez à toujours dépenser moins que ce que vous gagnez
- Evitez au maximum les crédits
- Réglez vos dettes en premier
- Payez-vous toujours en premier !
- Identifiez vos principaux postes de dépenses pour y faire du tri
- Modifiez vos habitudes
- Investissez dans ce qui va vous rapporter de l'argent
- Commencez le plus tôt possible

– AGISSEZ !

Les clés sont entre vos mains ! À vous de jouer maintenant :-)

Voilà également quelques ouvrages de qualité pour explorer plus en profondeur le thème des finances :

- « Comment devenir follement riche rapidement » de Sandy Forster
- « Tout le monde mérite d'être riche » d'Olivier Seban
- « Le facteur d'attraction » de Joe Vitale
- « Père riche, père pauvre » de Robert T. Kiyosaki
- « Réfléchissez et devenez riche » de Napoléon Hill
- « L'argent et la loi de l'attraction » de Esther et Jerry Hicks

Et vous trouverez page suivante vos tableaux de progression qui vous aideront à constater concrètement votre avancée et l'évolution de votre cheminement vers une prospérité toujours plus grande !

En vous souhaitant une vie riche et prospère,
    dans tous les sens du terme !

    Laure

Bonus : Vos tableaux de prospérité !

Argent placé sur mon compte de prospérité
Je me paye en premier ... % de toutes mes rentrées d'argent

Date	Montant	Date	Montant
TOTAL		TOTAL	

Economies réalisées
Je transforme mes habitudes

Date	Situation	Somme économisée
	Exemple : 3 articles reposés après réflexion	15,00 €
	Exemple : 2 repas de moins par mois dans un fast-food	70,00 €
	TOTAL	

Parce que votre avis compte !

Cet ebook vous a-t-il été utile ?

Quels résultats avez-vous déjà obtenus en mettant en pratique les méthodes proposées ?

Voudriez-vous permettre à d'autres de découvrir ces méthodes et d'en bénéficier eux aussi en me faisant part de votre avis, parce que cet ouvrage vous a aidé à avancer et faire de nouveaux pas vers une vie plus prospère ?

=> Si oui, n'hésitez pas à laisser votre appréciation sur Amazon.fr ou envoyez vos commentaires à contact@laurezanella.com

(Sur Amazon, lien pour les commentaires juste en dessous du titre et du nom de l'auteur)

Parce que votre avis est important et me permet de réaliser de nouveaux ouvrages adaptés à vos besoins et attentes, je vous dis MERCI pour votre contribution !

Laure :-)

Liens

Blog officiel de Laure Zanella : www.laurezanellacoaching.fr

Site de Laure : www.laurezanella.com
Coaching intuitif, Guidance Spirituelle et développement personnel, consultations par mail et téléphone, formations en ligne.

Page Facebook « Transformez votre vie » :
https://www.facebook.com/transformezvotrevielaurezanella

Les publications de Laure

Dispos en livres et ebooks sur tous les sites Amazon :
  – Transformez votre vie
  – La Vie, etc.
  – Transformez votre vie ! La formation – 40 étapes pour maîtriser la loi d'attraction

Dispos exclusivement en ebooks :
  – Transformez votre vie grâce à la loi d'attraction N°1 - Aller vers la prospérité financière
  – Transformez votre vie grâce à la loi d'attraction - N°2 Avancer vers des relations harmonieuses et épanouissantes
  – Transformez votre vie grâce à la loi d'attraction - N°3 Bien-être, Santé et reconnexion avec sa source intérieure
  – Transformez votre vie grâce à la loi d'attraction - N°4 Se réaliser et s'épanouir professionnellement

  – Le Bonheur n'est souvent qu'à un pas – Roman

- 30 jours pour changer ! 14 méthodes toutes simples à appliquer au quotidien pour une vie remplie de Joie, de Satisfaction et de Sérénité

- Confiance en soi, Amour de soi, Estime de soi – Pour apprendre à s'aimer et prendre conscience de sa véritable valeur

- Libération émotionnelle - Pour se défaire des souffrances du passé et faire entrer plus de joie dans sa vie !

- Amour de soi – Amour de l'autre :Sortir des mécanismes destructeurs qui nous mènent au conflit pour créer un monde de Paix, en soi, et tout autour de soi

www.ingramcontent.com/pod-product-compliance
Lightning Source LLC
Chambersburg PA
CBHW040812200526
45159CB00022B/499